# Cabalá

## para principiantes

RAV DR. MICHAEL LAITMAN

# Cabalá
## para principiantes

Una introducción a la sabiduría oculta

EDICIONES OBELISCO

**Colección Cábala y judaísmo**
CABALÁ PARA PRINCIPIANTES
*Rav Dr. Michael Laitman*

1ª edición: junio de 2011
5.ª edición: junio de 2023

Título original: *Kabbalah for Beginners*

Traducción: *Instituto Bnei Baruj*
Revisión: *Norma Livne*
Supervisión: *Uri Laitman*
Maquetación: *Marta Ribón*

© 2011, Michael Laitman - Kabbalah Publishers
(Reservados todos los derechos)
© 2011, Ediciones Obelisco, S. L.,
(Reservados los derechos para la presente edición)

Edita: Ediciones Obelisco, S. L.
Collita, 23-25. Pol. Ind. Molí de la Bastida
08191 Rubí - Barcelona - España
Tel. 93 309 85 25 - Fax 93 309 85 23
E-mail: info@edicionesobelisco.com

ISBN: 978-84-1172-017-5
Depósito legal: B-18.478-2011

*Printed in Spain*

Impreso en España en los talleres gráficos de Romanyà/Valls S. A.
Verdaguer, 1 - 08786 Capellades (Barcelona)

# AGRADECIMIENTOS

Este libro se basa en los seminarios impartidos por el Rav Dr. Michael Laitman, quien adquirió su sabiduría y método de estudio de su mentor, Rabí Baruj Shalom Ashlag. El maestro siguió los pasos de su padre, Rabí Yehuda Haleví Ashlag, del linaje cabalístico del Arí, de Rabí Shimon Bar Yojai y de cabalistas que durante generaciones le precedieron.

El objetivo de este libro es asistirle en su encuentro inicial con el mundo espiritual.

Benzion Giertz
Editor

# INTRODUCCIÓN

Las leyes de la naturaleza, nuestro lugar en el mundo y nuestro comportamiento han sido estudiados por científicos y filósofos durante miles de años.

Además de las suposiciones lógicas, la ciencia utiliza información e investigaciones cuantificables. Pero nuestros científicos e investigadores han descubierto que cuanto más avanzan en sus estudios, más oscuro y confuso se muestra el mundo.

El progreso que la ciencia ha aportado a nuestro mundo es incuestionable, pero limitado. El mundo interior del hombre, su alma, su comportamiento y sus fuentes de motivación no pueden medirse con las herramientas de los científicos. El hombre, el constituyente más numeroso de la creación, sigue sin tener conocimiento del papel que juega en el universo.

El hombre siempre ha buscado respuestas a las preguntas básicas sobre la vida: ¿quién soy?, ¿qué objetivo tiene mi vida aquí?, ¿por qué existe el mundo?, ¿seguiremos existiendo después de que nuestro cuerpo físico complete su tarea?

En este mundo de presiones constantes, algunos encuentran satisfacción pasajera en las técnicas orientales, en métodos de relajación o minimizando sus deseos y expectativas personales para reducir su sufrimiento. Algunas formas de meditación, nutrición y ejercicio físico y mental tranquilizan los instintos naturales del hombre y le permiten encontrarse más cómodo en su estado físico. Estos procesos le enseñan a reducir sus expectativas, pero le ponen en conflicto con sus verdaderos deseos.

Nuestra experiencia de vida nos demuestra que tenemos ilimitados deseos, pero nuestros recursos para satisfacerlos son limitados. Esta es la razón por la que es imposible evitar por completo el sufrimiento. Y éste es, precisamente, el tema central en la Cabalá.

La Cabalá responde a las preguntas básicas de la vida. Estas preguntas fundamentales del ser humano añaden otra dimensión al sufrimiento humano. No nos permiten sentirnos satisfechos ni tan siquiera cuando esta o aquella meta han sido alcanzadas. Cuando conseguimos el objetivo por el que hemos estado luchando, inmediatamente empezamos a sentir otro placer insatisfecho. Esto impide al hombre disfrutar de otros logros y su sufrimiento se renueva. Retrospectivamente, el hombre se da cuenta de que ha pasado la mayor parte de su tiempo esforzándose en conseguir objetivos que le han aportado muy poco placer aparte del éxito en sí mismo.

Todos, cada uno a su manera, intentamos responder a estas preguntas desde las fuentes de información de que disponemos. Cada uno de nosotros formulamos nuestra propia percepción del mundo basándonos en nuestra propia experiencia. La realidad y la vida cotidiana ponen nuestra percepción constantemente en duda, haciéndonos reaccionar, mejorar o cambiar. Para algunos de nosotros este proceso ocurre a un nivel consciente, para otros, inconscientemente.

La Cabalá se dirige a todos aquellos que buscan apertura de conciencia. Enseña a adquirir un sentimiento esencial de la esfera espiritual –la sexta esfera– que afecta nuestra vida en este mundo. Esto nos permite percibir el Mundo Superior –el Creador– y conseguir control sobre nuestras vidas.

La Biblia, *El Zóhar*, El Árbol de la Vida y otras fuentes espirituales auténticas se redactaron para enseñarnos cómo progresar en los ámbitos espirituales, para estudiarlos y adquirir conocimientos espirituales. Nos explican cómo encontrar el camino hacia un mundo espiritual y en qué consiste.

A través de las generaciones, los cabalistas han escrito muchos libros en diferentes estilos según los tiempos en los que vivían. Se crearon cuatro lenguajes en total para introducirnos en la realidad espiritual: el lenguaje de la Biblia (que incluye los Cinco Libros de Moisés, los Escritos y los Profetas), el lenguaje de las leyendas, el lenguaje legalista y el lenguaje de la Cabalá, una manera de describir el sistema de los Mundos Superiores espirituales y cómo llegar a ellos.

No son caminos distintos, sino aspectos del mismo tema, en diferentes formatos.

El cabalista Baal HaSulam escribe en su libro *Los Frutos de los Sabios*:

**«La sabiduría interna de la Cabalá es la misma que la de la Biblia, El Zóhar y las leyendas; la única diferencia entre ellos es el tipo de lógica. Es como una lengua ancestral traducida en cuatro idiomas. Es evidente que la sabiduría en sí no cambió en absoluto con las traducciones. Lo único a considerar es cuál es la más conveniente y aceptada para su transmisión.»**

Al leer este libro, el lector podrá realizar los primeros pasos hacia una comprensión de las raíces del comportamiento humano y las leyes de la naturaleza.

Este libro es innovador en su descripción de los principios que plantea la Cabalá. Está dirigido a aquellos que buscan un método sensato y seguro para el estudio del fenómeno que es nuestro mundo.

Presenta las bases de la sabiduría cabalística y su funcionamiento, y le resultará útil a cualquiera que esté interesado en conocerse mejor, en entender las razones del sufrimiento y el placer, y en encontrar las respuestas a las grandes preguntas de la vida.

# 1

# ¿QUÉ ES LA CABALÁ?

La Cabalá es un método sencillo y preciso que investiga y define la posición del ser humano en el universo. La sabiduría de la Cabalá nos dice por qué existe el hombre, por qué nace, por qué vive, cuál es el propósito de su vida, de dónde viene y adónde va cuando completa su vida en este mundo. La Cabalá es el único método para alcanzar el mundo espiritual. Nos enseña acerca de él y, al estudiarlo, desarrollamos un sentido adicional. Con la ayuda de este sentido podemos conectarnos a la espiritualidad.

La Cabalá no es un estudio abstracto o teórico, sino, por el contrario, muy práctico. El hombre aprende acerca de sí mismo, quién es y cómo es. Aprende lo que debe hacer ahora para cambiar, etapa por etapa, paso a paso. Enfoca su investigación hacia su propio interior con los Mundos Superiores.

Toda la experimentación se realiza sobre sí mismo, en sí mismo. Es por eso por lo que la Cabalá se denomina «la sabiduría oculta.» A través de ella, la persona sufre cambios internos, ocultos a los ojos de los demás, que sólo ella percibe y conoce. Esta actividad, propia, específica y peculiar ocurre en su interior, y sólo ella la comprende.

La palabra «Cabalá» proviene del vocablo hebreo *lekabel*, recibir. La Cabalá describe los motivos de las acciones como «el deseo de recibir» Este deseo se refiere a recibir diversas clases de placeres. Para ello, cada uno está dispuesto, en general, a invertir un gran esfuerzo. La cuestión es: ¿cómo alcanzar el máximo placer pagando el mínimo precio? Cada cual intenta responder a esta pregunta a su manera.

Este deseo de recibir se desarrolla y crece según un orden determinado. Al principio, desea el placer de los sentidos. Luego busca el dinero y el honor. Un deseo aún más poderoso lo vuelve sediento de poder. Más adelante apuntará quizás al pico de la pirámide: la espiritualidad. Quien reconoce la fuerza de este deseo, comienza a buscar los medios para satisfacerlo.

Al pasar por las etapas del deseo, la persona se familiariza con sus habilidades y limitaciones. La Cabalá se ocupa de lo que no podemos apresar ni controlar. No sabemos cómo son creados los sentimientos. Nos maravillamos ante las experiencias de lo dulce, lo amargo, lo agradable, lo áspero, etc. No logramos construir instrumentos científicos para examinar nuestros sentimientos, ni siquiera en el campo de la Psicología, de la Psiquiatría y demás ciencias humanas. Los factores de la conducta permanecen ocultos a nuestro entendimiento.

La Cabalá es como la matemática de los sentimientos: toma todos nuestros sentimientos y deseos, los divide y ofrece una fórmula matemática exacta para cada fenómeno, a cada nivel, para cada tipo de comprensión y de sentimiento.

Es un trabajo de sentimientos combinados con intelecto. Para los principiantes, utiliza geometría, matrices y diagramas. Los que avanzan encontrarán una ciencia muy exacta que analiza los sentimientos. Al estudiar, experimentarán cada sentimiento y, a la vez, lo comprenderán. Sabrán qué nombre darle, según su poder, dirección y carácter.

La sabiduría de la Cabalá es un método antiguo y probado, mediante el cual el ser humano puede recibir una conciencia superior, alcanzando la espiritualidad. Este es su verdadero objetivo en el mundo. Si alguien siente un deseo y un anhelo de espiritualidad, podrá darle cauce mediante la sabiduría de la Cabalá, otorgada por el Creador.

La palabra «Cabalá» describe la meta del cabalista: alcanzar todo aquello de lo que el ser humano sea capaz, como ser pensante, la más elevada de todas las criaturas.

# 2

# ¿POR QUÉ ESTUDIAR CABALÁ?

Al estudiar los textos cabalísticos, una persona común aprende cosas que antes le estaban veladas. Sólo tras adquirir el sexto sentido mediante este estudio, podrá ver y sentir lo que previamente no estaba revelado.

Los cabalistas no transmiten el conocimiento de la estructura del Mundo Superior o espiritual sin un motivo válido. Existe un fenómeno de máxima importancia en sus escritos: todos tenemos la posibilidad interna de desarrollar este sexto sentido.

Puede suceder que, al acercarse a los conceptos cabalísticos, uno al principio no comprenda lo que está leyendo. Para entenderlos correctamente hay que invocar la llamada «Luz Circundante», la luz correctora, que de manera gradual nos mostrará nuestra realidad espiritual. Los términos «corregir» y «corrección» se utilizan en la Cabalá para describir un cambio en el deseo de recibir, esto es, de recibir las cualidades del mundo espiritual y del Creador.

Todos poseemos un sexto sentido aún dormido, conocido como «el punto en el corazón» y la Luz que habrá de llenarlo se encuentra enfrente.

El sexto sentido es también llamado *Kli* «vasija espiritual», y sigue existiendo aún sin realidad material. La vasija espiritual de una persona común no se encuentra todavía lo suficientemente desarrollada como para percibir el mundo espiritual. Si uno estudia adecuadamente los escritos originales de la Cabalá, esta Luz ilumina el punto en el corazón y comienza a desarrollarlo. El punto se agranda, expandiéndose hasta permitir la entrada de la Luz Circundante. La entrada de la Luz en el punto en el corazón provoca en uno la percepción espiritual. Este punto es el alma de la persona.

Nada es posible sin la ayuda de Arriba, sin el descenso de la Luz Circundante que nos ilumine gradualmente el camino. Aunque no reconozcamos dicha Luz, existe una conexión directa entre el punto en el corazón y la Luz que ha de llenarlo, según el plan de Arriba. Estudiar libros de Cabalá le permite a uno conectarse con la fuente de la Luz, sintiendo poco a poco un deseo de espiritualidad. Este proceso se conoce como *segulá* (remedio).

Rabí Yehuda Ashlag escribió en la *Introducción al Estudio de las Diez Sefirot*:

**«En efecto, ¿por qué los cabalistas ordenaron a todos estudiar Cabalá? Es grandioso y meritorio divulgar la incomparablemente maravillosa cualidad del estudio de la sabiduría de la Cabalá; aunque no entiendan lo que están estudiando, el tremendo deseo de entender despertará las Luces que rodean su alma. Esto significa que todos tienen garantizada la posibilidad de acceder eventualmente a los maravillosos logros que el Creador previó para nosotros al planificar la Creación. Quienes no lo logren en esta encarnación lo harán en otra, hasta que se cumpla la intención**

del Creador. Aun cuando no se consiga esta realización, las Luces están destinadas a ser suyas; las Luces de alrededor esperan a que se prepare su recipiente para recibirlas. Así pues, incluso cuando le falte el recipiente, cuando la persona está involucrada en esta sabiduría y recuerda los nombres de las Luces y los recipientes preparados para pertenecerle, brillarán en él aunque de una manera limitada. Pero no penetrarán en su alma, ya que sus recipientes no están preparados para aceptarlas. La Cabalá es la única manera de crear la vasija para recibir la Luz del Creador. La Luz que la persona recibe cuando se involucra en el estudio de esta sabiduría, le concede una gracia de Arriba, produciendo una abundancia de santidad y pureza en ella, acercándola a alcanzar la realización.»

La Cabalá es especial en el sentido que le otorga a la persona un sabor de espiritualidad mientras la estudia. Y, a partir de esa experiencia, acaba prefiriendo la espiritualidad al materialismo. En proporción a su espiritualidad se aclara su voluntad, aprende a distanciarse de aquellas cosas por las que antes se sentía atraída. Es como un adulto al que ya no le interesan los juegos de niños.

¿Por qué necesitamos la Cabalá? Porque la Cabalá se nos ha dado como un trampolín para el cambio. Se nos ha otorgado para conocer al Creador. Estas son las únicas razones por las que ha sido entregada. Quien la estudia para cambiar y mejorarse a sí mismo, a fin de conocer al Creador, consigue llegar a un estado en el cual empieza a darse cuenta de cómo puede mejorar.

# 3

# ¿QUIÉN ES CABALISTA?

Un cabalista es una persona común como cualquier otra. No posee ninguna habilidad, talento u ocupación especial. No tiene por qué ser ya un sabio ni ostentar una expresión beatífica en su rostro.

El cabalista es un investigador que estudia su propia naturaleza utilizando un método preciso, probado y que ha resistido la prueba del tiempo. A lo largo de la historia, los cabalistas han estudiado la esencia de sus existencias utilizando herramientas simples que todos podemos emplear hoy en día: sentimientos, intelecto y corazón.

En algún momento de su vida, el cabalista tomó la decisión de buscar un camino que le ofreciera respuestas creíbles a las preguntas que lo perturbaban. Mediante un método de estudio preciso pudo adquirir un sentido adicional, un sexto sentido, el sentido espiritual.

Mediante este sentido percibe las esferas espirituales tan claramente como nosotros nuestra realidad aquí y ahora; recibe conocimiento acerca de las esferas espirituales, los Mundos Superiores y la manifestación de las fuerzas superiores. Estos mundos se denominan «Superiores» porque se encuentran más allá, más arriba que el nuestro.

El ser humano asciende paulatinamente desde su nivel espiritual actual al siguiente, es decir, al Mundo Superior.

Este movimiento lo va llevando de un Mundo Superior a otro. Estos niveles espirituales o Mundos Superiores constituyen las raíces a partir de las cuales se ha desarrollado todo lo que existe aquí, todo lo que llena nuestro mundo, incluyéndonos a nosotros mismos. El cabalista se encuentra al mismo tiempo en nuestro mundo y en los Mundos Superiores. Esta cualidad es común a todos los cabalistas.

Los cabalistas reciben la información real que nos circunda y perciben dicha realidad. Por eso pueden estudiarla, familiarizarse con ella y transmitírnosla. Nos proponen un método nuevo para conocer la fuente de nuestras vidas y conducirnos hacia la espiritualidad. Nos ofrecen este conocimiento por medio de libros escritos en un lenguaje especial. Leídos de cierta forma especial, estos libros se convertirán en vehículos que también nos permitirán a nosotros descubrir la verdad por nuestros propios medios.

En los libros que han escrito, los cabalistas nos transmiten técnicas basadas en experiencias personales. Desde su amplísima perspectiva, encontraron la manera de ayudar a quienes vendrían después, para poder subir por la misma escalera que ellos. Este método se denomina «la sabiduría de la Cabalá.»

# 4

# HISTORIA DE LA CABALÁ Y *EL ZÓHAR*

El primer cabalista que conocemos fue el patriarca Abraham. Él percibió las maravillas de la existencia humana, planteó preguntas acerca del Creador, y los Mundos Superiores le fueron revelados. Transmitió a las generaciones posteriores el conocimiento adquirido y el método usado para adquirirlo. La Cabalá se transmitió oralmente durante muchos siglos. Cada cabalista agregó su experiencia única y su personalidad a este cuerpo de conocimiento acumulado, en los términos de las almas de su generación.

La Cabalá se siguió desarrollando después de que la Biblia (los 5 libros de Moisés) fuera escrita. En el período comprendido entre el Primer Templo y el Segundo (586-515 AEC), ya se la estudiaba en grupos. Tras la destrucción del Segundo Templo (70) y hasta nuestra generación, hubo tres períodos particularmente importantes en el desarrollo de la Cabalá, en los que aparecen los más destacados escritos acerca de su método de estudio.

**El primer período** tuvo lugar durante el siglo III, cuando el *Libro del Zóhar* fue escrito por Rabí Shimon Bar Yojai (150-230), el «Rashbi», un alumno de Rabí Akiva (40-160). Sólo Rabí Shimon Bar Yojai y otros cuatro sobrevivieron. Tras la matanza de 24.000 discípulos de Rabí Akiva, el Rashbi fue autorizado por Rabí Akiva y Rabí Yehuda Ben Baba a transmitir a las generaciones futuras la Cabalá que le habían enseñado. Tras la captura y el encarcelamiento de Rabí Akiva, el Rashbi escapó con su hijo Eliezer. Vivieron en una cueva durante 13 años.

El Rashbi salió de la cueva con *El Zóhar*, un método completo para el estudio de la Cabalá y el logro de la espiritualidad. Alcanzó los 125 niveles que un ser humano puede lograr durante su vida en este mundo. *El Zóhar* nos relata que él y su hijo alcanzaron el nivel denominado «Eliahu el Profeta», lo cual significa que el propio profeta en persona vino a enseñarles.

*El Zóhar* es uno, escrito en forma de parábolas y en arameo, un idioma que se hablaba en los tiempos bíblicos. *El Zóhar* nos dice que el arameo es el «reverso del hebreo», el lado oculto del hebreo. Pero no fue el mismo Rabí Shimon Bar Yojai quien lo escribió sino que él transmitió la sabiduría y la forma de alcanzarla metódicamente dictando sus contenidos a Rabí Aba.

Aba redactó *El Zóhar* de modo que sólo pudieran entenderlo quienes fueran dignos de ello. *El Zóhar* explica que el desarrollo humano se divide en 6.000 años, durante los cuales las almas transitan por un proceso de desarrollo continuo en cada generación. Al final del proceso, todas las almas alcanzan la posición de «fin de la corrección», esto es, el nivel más elevado de espiritualidad y el más completivo.

Rabí Shimon Bar Yojai fue uno de los más grandes de su generación. Escribió e interpretó muchos temas cabalísticos que fueron publicados y son conocidos hasta el día de hoy. *El Libro del Zóhar*, por su parte, desapareció después de ser escrito.

Cuenta la leyenda que los escritos de *El Zóhar* permanecieron ocultos en una cueva cerca de Safed en Israel. Fueron encontrados varios siglos después por residentes árabes de la zona. Un día, un cabalista de Safed compró pescado en el mercado y descubrió con sorpresa el valor inconmensurable del papel en el que estaba envuelto. De inmediato, se dedicó a comprar a los árabes el resto de las piezas y las reunió en un libro.

Esto sucedió porque radica en la naturaleza de las cosas ocultas el que sean descubiertas en el momento oportuno, cuando las almas adecuadas reencarnan y entran en nuestro mundo. De este modo es revelado *El Zóhar* a lo largo del tiempo.

Pequeños grupos de cabalistas estudiaron estos escritos en secreto. Rabí Moshé de León publicó este libro por primera vez en el siglo XIII en España.

**El segundo período** es muy importante para la Cabalá de nuestra generación. Es el período del Arí, Rabí Isaac Luria, autor de la transición entre los dos métodos de estudio de la Cabalá. En los escritos del Arí aparece por primera vez el lenguaje puro de la Cabalá. El Arí proclamó el comienzo de un período de estudio abierto y masivo de la Cabalá.

El Arí nació en Jerusalén en 1534. Su padre murió cuando él era pequeño y su madre lo llevó a Egipto, donde se crió en la casa de su tío.

Durante su vida en Egipto, se mantenía gracias al comercio, pero dedicaba la mayor parte de su tiempo al estudio de la Cabalá. Según la leyenda, pasó siete años aislado en la isla de Roda en el Nilo, estudiando *El Zóhar*, los libros de los primeros cabalistas y los escritos de otro miembro de su generación, el «Ramak», Rabí Moisés Cordovero.

En 1570 llegó a Safed en Israel. A pesar de su juventud, comenzó inmediatamente a enseñar Cabalá. Su grandeza fue pronto reconocida; todos los sabios de Safed, muy versados en la Torá revelada y en la oculta, acudieron a estudiar con él, y su fama se extendió. Durante un año y medio, su discípulo Haim Vital volcó al papel las respuestas a muchas de las preguntas que surgían durante sus estudios.

Algunos de estos escritos son escritos del Arí, conocidos por nosotros como *Etz Hahayim* (El Árbol de la Vida), *Sha'ar Hakavanot* (La Puerta de las Intenciones), *Sha'ar Hagilgulim* (La Puerta de las Reencarnaciones) y otros. El Arí nos legó un sistema básico para estudiar la Cabalá, que sigue vigente hasta el día de hoy. Murió siendo aún joven, en 1572. Acorde a su última voluntad, sus escritos fueron archivados, para no revelar su doctrina antes de tiempo.

Los grandes cabalistas suministraron el método y lo enseñaron, pero sabían que su generación era todavía incapaz de apreciar el cambio. Por ello, prefirieron muchas veces esconder o incluso quemar sus escritos. Sabemos que Baal HaSulam quemó y destruyó la mayor parte de sus escritos. Resulta significativo que el conocimiento fuera confiado al papel y luego destruido. Lo que se revela en el mundo material afecta al futuro y será más fácilmente revelado una segunda vez.

Rabí Vital ordenó que ciertas secciones de los escritos del Arí fueran ocultas y enterradas con él. Una parte fue legada a su hijo Maharash Vital, quien la organizó como *Las Ocho Puertas*. Mucho después, un grupo de estudiosos encabezados por el nieto de Rabí Vital rescataron de la tumba otra parte de los escritos.

En tiempos del Arí se comenzó a estudiar *El Zóhar* abiertamente en grupos. A partir de ahí, el estudio de *El Zóhar* prosperó durante doscientos años. En el gran período de la Hasidut (1750-finales del s. XIX) prácticamente todo gran rabino era un cabalista.

Aparecieron cabalistas principalmente en Polonia, Rusia, Marruecos, Irak, Yemen y otros países. Luego, a comienzos del siglo XX, el interés por la Cabalá decayó hasta casi desaparecer por completo.

**El tercer período** agrega un método adicional a las doctrinas del Arí, redactado en nuestra generación por Rabí Yehuda Ashlag, autor del *Comentario Sulam* (escalera) sobre *El Libro del Zóhar* y de las enseñanzas del Arí. Este método resulta particularmente apropiado para las almas de nuestra generación.

Rabí Yehuda Ashlag, conocido como «Baal HaSulam» por su versión *Sulam* de *El Zóhar*, nació en 1885 en Lodz, Polonia. Durante su juventud, absorbió un profundo conocimiento de la ley oral y escrita, siendo luego juez y maestro en Varsovia. En 1921 emigró a Israel con su familia y ocupó el puesto de rabino de Givat Shaul, en Jerusalén. Ya estaba inmerso en la redacción de su propia doctrina cuando comenzó a escribir el comentario sobre *El Zóhar* en 1943. Baal HaSulam terminó de redactarlo en 1953. Murió al año siguiente, siendo enterrado en el cementerio de Givat Shaul en Jerusalén.

Le sucedió su hijo mayor, Rabí Baruj Shalom Ashlag, el «Rabash.» Sus libros se estructuran según las instrucciones de su padre. Elaboran con elegancia los escritos paternos legados a nuestra generación, facilitando su comprensión.

El Rabash nació en Varsovia en 1907 y emigró a Israel con su padre. Sólo después de su boda éste le permitió formar parte de los selectos grupos de estudio de la sabiduría oculta: la Cabalá. Rápidamente se le autorizó dar clases a los principiantes.

Tras la muerte de su padre, se encargó de seguir enseñando el método especial que había aprendido. A pesar de sus grandes logros, insistió, como su padre, en mantener un modo de vida muy modesto. A lo largo de su vida trabajó de zapatero, de albañil y de empleado de oficina. Externamente vivía como una persona común, pero dedicaba cada minuto libre al estudio y a la enseñanza de la Cabalá. El Rabash murió en 1991.

Rabí Yehuda Ashlag, el Baal HaSulam, es el líder espiritual reconocido para nuestra generación. Es el único de su generación que escribió un comentario completo y actualizado de *El Zóhar* y de los escritos del Arí. Estos libros y los ensayos de su hijo, Rabí Baruj Ashlag, el Rabash, son la única fuente a la que podemos acudir para asistirnos en todo progreso ulterior.

Al estudiar sus escritos, estudiamos en realidad *El Zóhar* y los escritos del Arí a través de los comentarios más recientes (últimos cincuenta años). Actúan como cinturón de seguridad para nuestra generación, pues nos permiten estudiar textos antiguos como si hubieran sido escritos ahora, usándolos como trampolín hacia la espiritualidad.

El método del Baal HaSulam sirve para todos. En el comentario *Sulam* (escalera), asegura que ninguno de nosotros debe temer el estudio de la Cabalá. Todo aquel que estudie Cabalá durante un período de tres a cinco años accederá a las esferas espirituales, a la realidad total y a la «comprensión divina», lo que está arriba (más allá) de nosotros y que aún no percibimos. Estudiando según los libros de Rabí Yehuda Ashlag, alcanzaremos la auténtica corrección.

El método de estudio se dirige a despertar en nosotros el deseo de comprender los Mundos Superiores. Aumenta nuestro deseo de conocer nuestras raíces y de conectarnos con ellas. Entonces, seremos capaces de mejorar y de realizarnos por nosotros mismos.

* * *

Los tres grandes cabalistas son de una misma alma, que apareció en un tiempo como Rabí Shimon, en una segunda ocasión como el Arí y una tercera vez como Rabí Yehuda Ashlag. Cada ocasión correspondió al momento oportuno de madurez y merecimiento de cada generación, descendiendo el alma para enseñar el método adecuado.

Las generaciones son cada vez más dignas de descubrir *El Zóhar*. Lo que fue escrito y oculto por Rabí Shimon Bar Yojai fue descubierto más tarde por la generación de Rabí Moshé de León y luego por la del Arí, quien comenzó a interpretarlo en términos de la Cabalá. Estos escritos también fueron archivados y luego parcialmente redescubiertos a su debido tiempo, en tanto que nuestra generación tiene el privilegio de contar con el comentario *Sulam*, que habilita a cualquiera a estudiar Cabalá y autocorregirse.

*El Zóhar* le habla a cada generación. A medida que pasan las generaciones, es más revelado y mejor comprendido. Cada generación abre *El Libro del Zóhar* a su modo, según las raíces de su alma.

De manera significativa, se intentan ocultar los escritos cabalísticos para que aquellos que sientan la necesidad los busquen y descubran por sí mismos. Los cabalistas saben que el proceso de cambio requiere dos condiciones: momento adecuado y madurez del alma. Hoy, somos testigos de un suceso caracterizado por el surgimiento y la señalización de una nueva era en el estudio de la Cabalá.

Aunque uno no logre esta realización, las Luces le están destinadas; las Luces Circundantes permanecen esperando que prepare su vasija para recibirlas. Y así cuando alguien, aunque carezca de las vasijas, se compromete al estudio de esta sabiduría, pidiendo la recepción de las Luces y las vasijas que le pertenecen y lo esperan, estas brillarán hasta cierto grado sobre él. Pero sólo penetrarán en su alma interior cuando sus vasijas estén listas para aceptarlas. La Cabalá es el único medio de crear la vasija para recibir la Luz del Creador.

La Luz que uno recibe cuando se entrega a esta sabiduría atrae un encanto celestial, confiriéndole una abundancia de santidad y pureza que lo acerca a la realización. La Cabalá es especial pues permite saborear la espiritualidad ya durante su estudio, haciendo que uno la prefiera al materialismo. De este modo, uno va depurando su voluntad en la medida de la propia espiritualidad, alejándose de las cosas que antes pensaba indispensables, y que ahora considera superfluas.

¿Por qué necesitamos la Cabalá? Porque nos ha sido entregada como un trampolín para el cambio. Nos ha sido dada para que podamos conocer al Creador. Estas son las únicas razones por las cuales nos ha sido concedida. Quien estudie Cabalá para automodificarse y para conocer al Creador, alcanzará el estadio en que comenzará a ver que puede mejorar sin sufrimiento.

# 5

# ¿QUIÉN PUEDE ESTUDIAR CABALÁ?

Cuando se habla de la Cabalá, suelen mencionarse los siguientes argumentos: «Uno puede volverse loco estudiando Cabalá»; «sólo se puede estudiar Cabalá sin peligro después de los cuarenta años»; «hay que estar casado y tener por lo menos tres hijos antes de embarcarse en su estudio»; «a las mujeres les está prohibido estudiar Cabalá», etc.

A pesar de todos estos argumentos, lo cierto es que la Cabalá está abierta a todos aquellos que deseen verdaderamente autocorregirse para alcanzar la espiritualidad. La necesidad proviene del impulso del alma hacia la corrección. En realidad, el único criterio para determinar si alguien está listo para estudiar Cabalá es su deseo de corregirse. Este deseo debe ser genuino y estar libre de presiones externas, ya que sólo uno puede descubrirlo en sí mismo.

El gran cabalista Arí afirmó que, a partir de su generación, todos –hombres, mujeres y niños– podían y debían estudiar Cabalá. El cabalista más importante de nuestra generación, Yehuda Ashlag, «Baal HaSulam», nos legó un nuevo método de estudio para esta generación, un método adecuado para cualquiera que desee avanzar en el sendero espiritual.

Uno encuentra su camino a la Cabalá cuando, no satisfecho ya con las retribuciones materiales, se vuelve hacia el estudio en busca de respuestas, aclaraciones y nuevas oportunidades. Ya no encuentra en este mundo soluciones a las cuestiones significativas acerca de su existencia. En general, la expectativa de encontrar respuestas ni siquiera es cognitiva; simplemente le interesa, lo considera necesario.

Uno se pregunta: ¿quién soy?, ¿por qué nací?, ¿de dónde vengo?, ¿adónde voy? ,¿por qué existo en el mundo?, ¿estuve ya aquí?, ¿volveré a aparecer?, ¿por qué hay tanto sufrimiento en el mundo?, ¿puede evitarse de alguna manera?, ¿cómo puedo lograr placer, completitud y paz mental? Uno siente vagamente que sólo fuera del ámbito de este mundo encontrará las respuestas.

Sólo conociendo y percibiendo los Mundos Superiores se pueden responder estas preguntas, y la forma de hacerlo es a través de la Cabalá. Mediante su sabiduría, el hombre ingresa en los Mundos Superiores con todos sus sentidos. Estos mundos contienen las razones de su existencia aquí. Toma el control de su vida, alcanzando de este modo su objetivo –tranquilidad, placer y plenitud– estando todavía en esta tierra.

En la «Introducción al estudio de las Diez Sefirot» está escrito:

«Si volcáramos nuestros corazones en contestar tan sólo una célebre pregunta, estoy seguro de que todas las dudas y cuestiones se esfumarían de nuestro horizonte. Y esta pequeña pregunta es: ¿para qué sirven nuestras vidas?»

Cualquiera que se acerque a estudiar Cabalá movido por este interrogante, es bienvenido como aprendiz. Quien sienta esta inquietud y se pregunte constantemente: «¿para qué sirven nuestras vidas?» logrará un estudio serio. Tal es el impulso que lo urge a buscar respuestas.

Por desgracia, las personas buscan curas rápidas. Quieren saber de magia, de meditación y de sanación cabalísticas. No les interesa realmente la revelación de los Mundos Superiores o cómo alcanzar los dominios espirituales. Esto no constituye un deseo genuino de estudiar Cabalá.

Si ha llegado su tiempo y la necesidad está presente, uno buscará un marco de estudio, y no quedará satisfecho hasta que lo encuentre. Todo depende de la raíz del alma y de aquel punto en el corazón. Un deseo auténtico de descubrir y percibir en sí los Mundos Superiores lo conducirá al camino de la Cabalá.

# 6

# ¿CÓMO ESTUDIAR CABALÁ?

Hace cientos de años, era imposible encontrar libros de Cabalá. Esta se transmitía exclusivamente de un cabalista a otro, sin llegar nunca al hombre común. Hoy tenemos la situación inversa: se desea que el material circule entre todos, convocando a todos a participar de este estudio. Al estudiar estos libros, crece el deseo de espiritualidad, por lo cual la Luz Circundante, el mundo real oculto para nosotros, comienza a reflejar sobre quienes desean acercarse un encanto especial de espiritualidad, que los hace seguir anhelándolo más y más.

El objetivo básico de la Cabalá es el logro de la espiritualidad. Para ello sólo se necesita la instrucción correcta. Quien estudie Cabalá adecuadamente progresará sin sentirse obligado, pues no puede haber coerción en la espiritualidad.

No debemos olvidar que la meta del estudio es descubrir la conexión entre uno mismo y lo que está escrito. Es para ello por lo que los cabalistas volcaron en sus textos sus logros y experiencias. No para adquirir conocimiento acerca de cómo está construida y cómo funciona la realidad, como en la ciencia. La intención de los textos cabalísticos es permitir el entendimiento y la asimilación de la verdad espiritual.

Si alguien se acerca a los textos para obtener espiritualidad, estos se convertirán en una fuente de Luz y lo corregirán. Si se acerca a ellos para obtener sabiduría, serán para él tan solo sabiduría. La fuerza que obtendrá y el ritmo de su corrección serán proporcionales a su necesidad interna.

Esto significa que si uno estudia correctamente, cruzará la barrera entre este mundo y el mundo espiritual. Ingresará en un ámbito de revelación interior, alcanzando la Luz. Si no lo logra, significa que ha sido negligente en la calidad o en la cantidad de sus esfuerzos; no se esforzó lo suficiente.

No se trata de cuánto estudió, sino de cuán inmerso estaba en sus estudios. Si experimenta este deseo, podrá lograr la espiritualidad. Sólo entonces se le abrirán las puertas del Cielo para penetrar en otra realidad o dimensión. Un estudio correcto de la Cabalá le permitirá acceder a este nivel.

Abrazar la Cabalá no implica simplemente evitar las cosas lindas para no provocar los propios deseos. La corrección no proviene del autocastigo, sino que resulta de la realización espiritual. Cuando uno logra la espiritualidad, aparece la Luz y lo corrige.

Este es el único cambio real. Todos los demás son hipócritas. Se equivoca si cree que adoptando un aspecto agradable logrará la espiritualidad. No sobrevendrá la corrección interior, pues sólo la Luz puede corregir. El propósito del estudio es atraer la Luz correctora. Por lo tanto, uno debiera trabajar sobre sí mismo sólo para ello.

La presencia de cualquier presión o regulaciones obligatorias revela la mano del hombre y no de los Mundos

Superiores. Además, la armonía interna y la tranquilidad no son prerrequisitos para el logro de la espiritualidad; aparecerán como resultado de la corrección. Pero no debemos creer que ello sucederá sin esfuerzo de nuestra parte.

El camino de la Cabalá rechaza absolutamente cualquier forma de coerción. Le garantiza un atisbo de espiritualidad, llevándole a preferirla al materialismo. Luego uno aclara su deseo de espiritualidad, apartándose de las cosas materiales a medida que desaparece su atracción o necesidad.

Estudiar Cabalá de manera incorrecta, aun con las mejores intenciones, puede alejarnos de la espiritualidad. Este tipo de estudiante fracasará inevitablemente.

Esta es la razón por la cual los cabalistas prohibieron el estudio de la Cabalá a quien no estuviera preparado para ello, a menos que fuera en circunstancias especiales. Tomaban todos los escritos necesarios para asegurar que sus alumnos estudiaran correctamente y aplicaban ciertas restricciones a los estudiantes.

Baal HaSulam describe estas razones al comienzo de su *Introducción al Estudio de las Diez Sefirot*. Sin embargo, si comprendemos estas limitaciones como condiciones para la comprensión correcta de la Cabalá, veremos que el propósito es evitar que los estudiantes tomen un camino equivocado.

Lo que ha cambiado es que ahora contamos con más de un lenguaje, mejores condiciones y una determinación más fuerte para el estudio de la Cabalá. Dado que las almas sienten la necesidad de estudiar esta sabiduría, cabalistas como Baal HaSulam han escrito comentarios que nos permiten estudiar sin errores. Hoy en día cualquiera puede estudiar Cabalá mediante sus libros.

Para hacerlo de manera adecuada, recomendamos a los estudiantes concentrarse únicamente en los escritos del Arí y Ashlag (Baal HaSulam y Rabash) en sus versiones originales.

Entre los lenguajes que estudian los mundos espirituales, entre la Biblia (que incluye los cinco libros de Moisés, los Escritos y los Profetas) y la Cabalá, esta última es la más directa. Quienes la estudian no pueden errar en su comprensión. La Cabalá no usa los términos de este mundo, sino que posee terminología especial que indica directamente las herramientas espirituales para los objetos y las fuerzas espirituales y su correlación.

La Cabalá constituye, por lo tanto, el idioma más útil para que el estudiante progrese interiormente y se autocorrija. No corremos riesgo de confundirnos si estudiamos los escritos de Baal HaSulam.

La espiritualidad se logra estudiando los libros correctos, esto es, libros escritos por un auténtico cabalista. Los textos de la Biblia son textos de Cabalá, son libros que los cabalistas se escribieron unos a otros para intercambiar ideas y ayudarse mutuamente en el estudio. Quien posea sentimientos espirituales podrá comprobar que estas obras lo ayudan a continuar su crecimiento y desarrollo. Es como realizar una visita guiada a un país extranjero. Con la ayuda de la guía, el viajero puede orientarse y encontrar mejor su paradero.

Necesitamos textos adecuados para nuestras almas, escritos por cabalistas de nuestra generación o de la anterior, pues en cada generación descienden distintos tipos de almas que requieren diferentes métodos de enseñanza.

El estudiante debe tener cuidado al elegir su maestro de Cabalá. Ciertos autodenominados «cabalistas» enseñan de manera incorrecta, por ejemplo, que la palabra «cuerpo» se refiere a nuestro cuerpo físico, o que la mano derecha simboliza la caridad y la izquierda la valentía.

Esto es exactamente lo que la Biblia y los cabalistas tenían en mente cuando prohibieron estrictamente «hacer imágenes o esculturas.»

# 7

# CABALÁ Y ESPIRITUALIDAD

El ser humano es incapaz de efectuar un movimiento que no signifique alguna ganancia para él. Esta ganancia es el combustible que lo mantiene en marcha. Puede ser a corto o largo plazo. Si uno siente que no habrá beneficio presente ni futuro, detendrá inmediatamente su accionar. El ser humano no puede existir sin sentir que ganará algo.

La Cabalá enseña al hombre a recibir. Para lograr la espiritualidad uno debe expandir su voluntad de recibir, y no desviarse de ella. Uno debe expandir su voluntad de absorber todos los mundos, incluido éste. Es el propósito para el cual fuimos creados. No hace falta volverse monje, asceta, o retirarse de la vida.

Sin embargo, debe aprender a recibir, a utilizar correctamente su voluntad sin limitarla. Nada debe ser abandonado, todo ha sido creado por algún motivo y no es necesario apartarse de la vida. Puede suceder que alguien que comienza a estudiar Cabalá no tenga sentimientos espirituales y se lance al estudio con la ayuda de su intelecto. Pero es el corazón el que debemos abrir mediante nuestro intelecto. Un corazón desarrollado discrimina lo correcto de lo incorrecto y nos conduce naturalmente a las acciones y decisiones correctas.

Los cabalistas comienzan por enseñar espiritualidad en pequeñas dosis para que los estudiantes acrecienten su voluntad de recibir más Luz, más conciencia y más percepción espiritual. Una voluntad más poderosa trae aparejados más profundidad, mayor comprensión y mayores logros, permitiendo que la persona alcance su mayor nivel posible de espiritualidad, hasta las raíces de su alma.

# 8

# REENCARNACIÓN Y CABALÁ

Ninguno de nosotros es un alma nueva; todos hemos acumulado experiencias de vidas previas en otras encarnaciones. En cada generación, a lo largo de los últimos seis mil años, descendieron almas que ya habían estado aquí en ocasiones anteriores. No son almas nuevas, sino con alguna forma diferente de desarrollo espiritual.

Las almas descienden a la tierra según un orden determinado: ingresan al mundo de manera cíclica. Su número no es infinito sino que vuelven una y otra vez, progresando en su corrección. Los nuevos cuerpos físicos que ocupan son más o menos parecidos, pero los tipos de almas que descienden son diferentes. Esto es lo que se conoce popularmente como «reencarnación.» Los cabalistas usan otra expresión: «desarrollo de las generaciones».

Esta interrelación o conexión entre el alma y el cuerpo colabora con la corrección del alma. Nos referimos al ser humano como «alma» y no como «cuerpo». El cuerpo en sí puede ser reemplazado, como se reemplazan hoy en día los órganos. El cuerpo es útil sólo como recipiente desde donde el alma puede actuar.

Cada generación se parece físicamente a la anterior, pero difieren una de otra porque en cada oportunidad las almas descienden con la experiencia acumulada de sus vidas previas aquí. Llegan con sus fuerzas renovadas por su estadía en el cielo.

Por lo tanto, los objetivos y deseos de cada generación difieren de los de la generación anterior. Esto explica el desarrollo específico de cada una de ellas. Incluso aquella generación que no alcance el deseo de conocer la verdadera realidad o el reconocimiento divino cumplirá su tarea a través del sufrimiento. Esa será su forma de progresar hacia la auténtica realidad.

Todas las almas se originan en una, la llamada «alma del primer hombre». Esto no se refiere al Adán de la Biblia que conocemos, en sentido literal, sino a una realidad espiritual interna. Partes del alma del primer hombre descienden al mundo para encarnar, tomando forma de cuerpos, y generando la conexión entre el cuerpo y el alma. La realidad está diseñada para que las almas desciendan y se autocorrijan. Al encarnar aumentan su nivel 620 veces respecto al nivel inicial. El orden en que descienden a encarnar en esta realidad va de sutil a denso.

El alma del primer hombre consta de muchas partes y muchos deseos, algunos sutiles, otros burdos, según su cantidad de egoísmo y crueldad. Llegan a nuestro mundo primero los sutiles y luego los burdos, con sus correspondientes requerimientos de corrección. Al corregir los deseos más sutiles, pueden luego ayudar a corregir los más densos, los más problemáticos.

En su descenso al mundo, las almas han adquirido experiencia a través de su sufrimiento. Esto se conoce como «el camino del sufrimiento», ya que esta experiencia desarrolla el alma. Cada vez que se reencarna, aumenta su impulso inconsciente de buscar respuestas a las preguntas acerca de su existencia, de sus raíces y de la importancia de la vida humana. Existen, según esto, almas menos y más desarrolladas. Las más desarrolladas tienen una urgencia tan grande de reconocer la verdad que no soportan limitarse a los confinamientos de este mundo. Si se las provee de herramientas correctas, libros adecuados e instrucción acorde, llegarán a reconocer el mundo espiritual. La Cabalá también distingue entre almas descendentes más o menos puras o refinadas, según la medida de la corrección requerida. Las que requieren una corrección mayor son llamadas «menos refinadas».

Las distintas almas descendentes requieren de guías y correcciones, específicas para cada generación, así como de un maestro para conducir su progreso espiritual. Mediante libros y grupos de estudio se transmite el método de descubrimiento de la verdadera realidad que sea más adecuado para cada generación. En esta era mediática, también se hace uso de herramientas como la televisión, la radio y, más comúnmente Internet.

Al principio (antes de que apareciera el alma del Arí), reinaba una era de acumulación de experiencia en el mundo. Las almas progresaban hacia la corrección con su mera existencia. El sufrimiento acumulado provocó una urgencia mayor en la búsqueda del alivio. El deseo de dejar atrás el sufrimiento fue la fuerza motivadora del desarrollo de las generaciones.

Cuando, en el siglo XVI, apareció el Arí, declaró que, a partir de su generación, los hombres, las mujeres y los niños de todas las naciones podían y debían introducirse en la Cabalá. Había llegado el momento del desarrollo generacional en que las almas descendentes podían reconocer la verdadera realidad, completando su corrección con el propio método del Arí. Podían cumplir lo que se esperaba de ellas.

Aun en su cuerpo físico, el alma tiene un sólo deseo: –retornar a sus raíces. Los cuerpos físicos, en su deseo de recibir, las arrastran de vuelta a este mundo. Pero el ser humano desea elevarse espiritualmente de manera consciente. El esfuerzo resultante de la gran fricción creada por esta dicotomía le ayuda a elevarse 620 veces por encima de su nivel anterior.

Si un alma no completa su tarea, cuando regrese reencarnará en el mundo con más necesidad de corrección. A veces creemos que debemos negar nuestros deseos y anhelos para ser más exitosos en la próxima reencarnación. Pensamos que no deberíamos desear nada sino un poco de alimento y estar tirados al sol como un gato. Sin embargo, lo contrario es verdad, pues la próxima vez seremos aún más crueles, demandantes, exigentes y agresivos.

El Creador quiere que nos colmemos de placeres espirituales, que seamos plenos. Ello sólo es posible a través de un deseo enorme. Sólo mediante un deseo corregido podremos alcanzar realmente el mundo espiritual, tornándonos fuertes y activos. Un deseo pequeño no nos hará mucho daño, pero tampoco mucho bien. El deseo «corregido» sólo funciona a partir del estímulo adecuado, y no se posee automáticamente sino que se adquiere mediante el estudio correcto de la Cabalá.

Existe una pirámide de almas, basada en el deseo de recibir. En su base se encuentran muchas almas con pequeños deseos terrenales, que buscan una vida confortable, de tipo animal: comida, sueño, sexo. El nivel siguiente, con menor número de almas, contiene aquellas que desean adquirir riqueza. Se trata de personas deseosas de dedicar su vida entera a hacer dinero, y aun a sacrificarse en aras de la riqueza.

A continuación se encuentran las que harían cualquier cosa con tal de controlar a los demás, gobernar y alcanzar posiciones de poder. Otras aun menos numerosas poseen un deseo todavía mayor por conocer: son los científicos y académicos que pasan su vida empeñados en un descubrimiento específico, sin interesarse por ninguna otra cosa.

El deseo más intenso, compartido sólo por unos pocos, es el de alcanzar el mundo espiritual. Todos están incluidos en la pirámide. El hombre a su vez posee la misma pirámide de deseos en su interior, la cual debe invertir, de modo que el peso recaiga en el deseo más puro: el deseo infinito de verdad.

El alma debe rechazar y descartar sus deseos terrenales, y poner todos sus esfuerzos y energía en aumentar el deseo de espiritualidad. Lo logrará estudiando de la manera correcta.

Cuando uno desea aumentar de verdad su anhelo de espiritualidad, la Luz Circundante, el mundo espiritual oculto, comienza a reflejarse en él, haciéndole crecer ese deseo aún más. En esta etapa, resulta crucial estudiar en grupo bajo la guía de un cabalista (*véase* el capítulo «Cómo estudiar Cabalá»).

El mayor cambio que observamos en las almas que descienden hoy radica en su deseo definido de alcanzar un sistema espiritual. La gente va en busca de algo más allá de este mundo, algo espiritual.

Aunque esta «espiritualidad» todavía incluye todo tipo de atajos, trucos mágicos y grupos esotéricos que prometen respuestas a sus seguidores, indica una búsqueda interna.

En los últimos quince años se ha activado y acelerado el descenso de las nuevas almas. Su deseo es mucho mayor y más genuino: quieren encontrar el significado de la vida, y nada más.

Cuando comprendamos realmente cómo se nos aplica y nos afecta la realidad, dejaremos de hacer lo prohibido e insistiremos en hacer lo correcto. Entonces percibiremos la armonía existente entre nosotros y el mundo verdadero. Mientras tanto, nos equivocamos de manera inconsciente y luego nos damos cuenta de que nos hemos equivocado. No podemos escapar a dicha situación.

Es por ello por lo que la humanidad se encuentra en un callejón sin salida, inmersa en dificultades cada vez mayores. Descubriremos que no nos queda otra alternativa que reconocer el mundo espiritual del cual formamos parte. Este reconocimiento nos conducirá a una nueva situación, en la que comenzaremos a actuar concientemente al unísono, y no como individuos aislados.

Todos estamos conectados en un alma, de una generación a otra. Compartimos una responsabilidad colectiva. Es por ello por lo que el cabalista es considerado «fundador del mundo», ejerce influencia sobre el mundo entero y el mundo entero ejerce influencia sobre él.

# 9

# RAMAS: EL LENGUAJE DE LOS CABALISTAS

Cuando pensamos o sentimos algo y deseamos transmitírselo a otra persona para que también lo sienta, utilizamos palabras. Existe un consenso general acerca de su uso y significado; si calificamos algo de «dulce», la otra persona imagina inmediatamente el mismo sabor. Pero, ¿cuánto se acerca su concepto de lo dulce al nuestro? ¿Cómo podríamos comunicar mejor nuestras percepciones manteniendo el uso de palabras?

Las percepciones de los cabalistas superan nuestro nivel. No obstante, ellos desean transmitirnos su admiración por cosas que no tienen significado para nosotros. Para ello, utilizan instrumentos tomados de nuestro mundo: con frecuencia palabras, a veces notas y, en ocasiones, otros medios.

Los cabalistas escriben acerca de sus experiencias y percepciones en los Mundos Superiores, acerca de las fuerzas superiores y de lo que descubren allí. También escriben para otros cabalistas, pues la interacción de sus estudios es esencial y fructífera. Luego sus escritos llegan a quienes aún no han sentido la espiritualidad, aquellos para quienes todavía se halla oculta.

Como en el mundo espiritual no existen palabras que puedan describir sus percepciones espirituales, los cabalistas las denominan «ramas», una palabra tomada de nuestro mundo. De ahí que el lenguaje de los libros de Cabalá se conozca como «lenguaje de las ramas». Este lenguaje toma prestados términos de nuestro mundo para identificar percepciones espirituales.

Como cada cosa del mundo espiritual tiene su equivalente en el mundo físico, cada raíz del mundo espiritual tiene el nombre de su rama. Y al no poder describir con precisión nuestras percepciones, ni medirlas o compararlas, nos valemos de toda clase de términos auxiliares.

Rabí Yehuda Ashlag escribe en su *Estudio de las Diez Sefirot* (parte uno: «Mirando hacia dentro»):

> «[...] los cabalistas eligen un lenguaje especial que puede ser designado "lenguaje de las ramas. Nada sucede en este mundo que no hunda sus raíces en el mundo espiritual. Todo en este mundo se origina en el mundo espiritual y luego desciende. De esta forma, los cabalistas encontraron un lenguaje ya hecho con el cual transmitir fácilmente sus logros de manera oral unos a otros o por escrito, para las generaciones futuras. Tomaron los nombres de las ramas del mundo material: cada nombre es autoexplicativo, indicando su raíz de origen en el sistema del Mundo Superior.»

Para cada fuerza y acción de este mundo existe una fuerza y acción en el mundo espiritual, que es su raíz. Cada fuerza espiritual se correlaciona con una sola fuerza, su rama en el mundo material.

Acerca de esta correlación directa se ha escrito: «No hay nada que crezca abajo que no tenga un ángel arriba instándolo a crecer». Es decir, no hay nada en nuestro mundo que no tenga su fuerza correspondiente en el plano espiritual. A causa de esta correlación directa, y porque la espiritualidad no contiene palabras –sólo sensaciones y fuerzas–, los cabalistas utilizan los nombres de las ramas de este mundo para referirse a las correspondientes raíces espirituales.

Sigue diciendo Baal HaSulam:

«Con estas explicaciones, ustedes comprenderán lo que a veces parece en los libros de Cabalá una terminología extraña para el espíritu humano, en particular en los textos básicos, como *El Zóhar* o los libros del Arí. Surge la pregunta: "¿Por qué los cabalistas utilizaron una terminología tan vulgar para expresar ideas tan elevadas?". La explicación es que ningún idioma ni lengua del mundo podría ser utilizado razonablemente, excepto el especial *lenguaje de las ramas*, basado en las raíces superiores correspondientes. [...] Si a veces se utilizan expresiones extrañas, es porque no queda otro remedio; no debemos sorprendernos. Lo bueno no puede reemplazar lo malo, y viceversa. Debemos siempre transmitir exactamente la rama o incidente que designe a su raíz superior como lo dicte la ocasión, elaborándolo hasta encontrar la definición exacta.»

El mundo espiritual es abstracto: en él las fuerzas y las sensaciones funcionan sin el ropaje de «animado», «inanimado», «vegetal» o «hablante». El estudiante repite una y otra vez las ideas principales de la sabiduría cabalística: «lugar», «tiempo», «movimiento», «carencia», «cuerpo», «partes del cuerpo» u «órganos», «corresponder», «unirse», «conectarse», hasta hallar en su interior la percepción correcta para cada idea.

Debemos observar que algunos así llamados «instructores de Cabalá» transmiten a sus estudiantes interpretaciones equivocadas. El error surge del hecho de que los cabalistas escribieron sus libros utilizando el lenguaje de las ramas, usando términos de nuestro mundo para expresar ideas espirituales. Quienes no comprenden el uso correcto del lenguaje caen en un error. Enseñan que existe una conexión entre el cuerpo y la vasija espiritual, como si la vasija espiritual incluyera al cuerpo, considerándolo parte del órgano espiritual, de modo que por medio de una acción física se pudiera realizar algo espiritual.

Las ramas forman parte integral de la Cabalá, y sin su uso, no se considera que uno estudie la Cabalá auténtica.

# 10

# OBSERVANDO LA REALIDAD A TRAVÉS DE LA CABALÁ

Todo cuanto sabemos acerca de nuestro mundo se basa en los estudios realizados por el hombre. Cada generación lo estudia y traspasa sus descubrimientos a la siguiente. Así, cada generación entiende y asimila el tipo de esquema en el que deberíamos vivir, y su posición en relación con las demás generaciones. En cada era, el ser humano utiliza el mundo que le rodea.

El mismo proceso tiene lugar en la espiritualidad. Cada generación de cabalistas desde Abraham estudia y descubre los mundos espirituales. Como si de un estudio científico se tratara, los cabalistas pasan el conocimiento obtenido a las generaciones futuras.

En este mundo tenemos un sentido general, denominado el *deseo de recibir*, con cinco receptores, nuestros cinco sentidos. Cuando la persona vive una corrección, alcanza el sexto sentido, conocido como el sentido espiritual. Este sentido le permite sentir la realidad espiritual; no pertenece a la misma categoría que los demás cinco sentidos en absoluto.

También los científicos utilizan solamente sus cinco sentidos. Cualquier instrumento de precisión, técnico o mecánico, se considera «objetivo». Pero dichos instrumentos sólo consiguen expandir los límites de nuestros sentidos para que podamos oír, ver, oler, degustar o tocar de manera más compleja. Al fin y al cabo, es el hombre el que examina, mide y determina los resultados de la investigación a través de sus cinco sentidos. Obviamente, el hombre no puede determinar una respuesta objetiva y exacta a lo que los sentidos descubren. La Cabalá, fuente de toda sabiduría, nos ayuda a conseguirlo.

Cuando empezamos a estudiar la realidad, descubrimos que no podemos asimilar aquello que no podemos entender ya que nos es desconocido, y no nos es revelado. Si no podemos verlo, tocarlo o degustarlo, podemos cuestionarnos si realmente existe. Sólo los cabalistas, aquellos que acceden a la Luz Superior abstracta y fuera del alcance de nuestros sentidos, pueden comprender nuestra verdadera realidad.

Los cabalistas nos dicen que más allá de nuestros sentidos únicamente hay una Luz Superior abstracta, llamada el Creador. Imaginemos que estamos en medio del océano, en un mar de luz. Podemos sentir todo tipo de sensaciones que parecen pertenecer a esa luz, limitados por nuestra habilidad de comprensión. No podemos oír lo que ocurre más allá. Lo que entendemos por «oír» es una mera respuesta de nuestros tímpanos al estímulo externo. No conocemos su causa. Sencillamente sabemos que nuestros tímpanos reaccionan dentro de nosotros. Lo examinamos internamente y lo aceptamos como evento externo. No sabemos lo que sucede fuera de nosotros; sencillamente comprendemos cómo reaccionan nuestros sentidos a ello.

Con los demás sentidos (la vista, el gusto, el tacto y el olfato) sucede lo mismo que con el del oído. Esto significa que no podemos salir de nuestra «caja». Lo que pensamos que sucede fuera de nosotros es meramente la imagen de lo que dibujamos dentro. Esta restricción es insuperable.

El estudio de la Cabalá nos puede ayudar a ampliar los márgenes de nuestros sentidos naturales y alcanzar el sexto sentido, a través del cual logremos acercarnos a la realidad que nos rodea y la que está en nuestro interior. Esta realidad es la verdadera. A través de ella, seremos capaces de experimentar la reacción de nuestros sentidos externos. Si dirigimos nuestros cinco sentidos correctamente, veremos la imagen verdadera de la realidad. Sencillamente, necesitamos interiorizar las características de nuestro mundo espiritual.

Es como una radio que puede sintonizar con una cierta longitud de onda. Esta longitud de onda existe fuera de la radio que la recibe y responde. Este ejemplo se puede aplicar a nosotros: si experimentamos la más mínima chispa del mundo espiritual, empezaremos a sentirlo dentro de nosotros.

El cabalista adquiere, durante su formación, un número creciente de características espirituales, conectando así con todos los niveles del mundo espiritual, basados todos en el mismo principio. Cuando se estudia Cabalá, se empieza a entender, a sentir, a valorar y a trabajar con todas las realidades, tanto espirituales como materiales, sin diferenciarlas entre ellas. El cabalista alcanza el mundo espiritual desde su estado físico en este mundo.

Experimenta los dos mundos sin márgenes que los separen.

Sólo cuando la persona experimenta esta realidad verdadera puede entonces ver los motivos de lo que le está pasando. La persona entiende las consecuencias de sus actos. Entonces empieza a ser práctico por primera vez, viviendo y sintiéndolo todo, entendiendo lo que debería hacer consigo mismo y con su vida.

El hombre no tiene la habilidad de saber por qué nació, quién es, ni la consecuencia de sus acciones hasta que alcanza ese reconocimiento. Todo está enmarcado por los márgenes del mundo material y el modo en el que el hombre entra y sale de él.

Mientras tanto, estamos todos en el nivel llamado «este mundo».

Nuestros sentidos están igualmente limitados; así somos sólo capaces de continuar viendo la misma imagen. Baal HaSulam escribe: «Los mundos, tanto Superior como Inferior, están dentro del hombre». Esta es la frase clave para quien esté interesado en la sabiduría de la Cabalá y en vivir la realidad que le rodea. Esta realidad contiene el Mundo Superior y el que nos rodea; juntos forman parte del hombre.

Por el momento, entendemos este mundo a través de lo material, de los elementos físicos. Sin embargo, cuando lo estudiemos añadiremos varios elementos que nos harán descubrir otros. Esto nos permitirá ver cosas que actualmente no podemos ver.

Nuestro nivel es muy bajo, ya que estamos emplazados diametralmente opuestos al nivel del Creador. Empezamos a elevarnos de este nivel a medida que corregimos nuestro deseo. Después descubrimos otra realidad que nos envuelve, pero nada cambia. Empezamos a experimentar cambios internos y, seguidamente, nos damos cuenta de otros elementos que nos rodean. Más adelante, estos elementos desaparecen y sentimos que todo es consecuencia solamente del Creador, del Todopoderoso. Los elementos que gradualmente vamos descubriendo son los llamados «mundos».

No deberíamos intentar imaginarnos la realidad espiritual, sino sentirla. Imaginarla simplemente nos distancia de ella. Los cabalistas alcanzan los Mundos Superiores a través de sus sentidos, como nosotros alcanzamos el mundo material. Estos mundos se encuentran entre nosotros y el Creador.

Como Baal HaSulam dice, es como si estos mundos nos filtraran la Luz. Es entonces cuando podemos ver la realidad de una manera diferente. De hecho, nos daremos cuenta de que no hay nada entre nosotros y el Creador.

Todas esas molestias y esos mundos por en medio, se interponen entre Él y nosotros. Son como máscaras para nuestros sentidos. No podemos verle a Él tal y como es; vemos sólo fragmentos. En hebreo, el origen de la palabra *Olam* (mundo) es *Alamá* (ocultación). Parte de la Luz se transmite, y parte de ella se esconde. Cuanto más alto es el mundo, menos oculta se encuentra esta.

Los seres humanos crean entre ellos diferentes imágenes de la misma realidad. La lógica nos dicta que la realidad debería ser la misma para todos. Sin embargo, uno oye una cosa, el otro otra, uno ve algo de una manera, el otro lo ve diferente.

Baal HaSulam describe este fenómeno utilizando la electricidad como ejemplo: tenemos en nuestras casas enchufes eléctricos que contienen energía abstracta que enfría, calienta, hace un vacío o crea presión según el aparato que la utilice y la habilidad de éste para utilizar la electricidad. Sin embargo, la energía no tiene forma propia, por lo que permanece abstracta.

El electrodoméstico revela el potencial que se encuentra en la electricidad. Se puede decir lo mismo de la Luz Superior, el Creador que no tiene forma: cada uno de nosotros siente al Creador según su nivel de corrección. Al principio de sus estudios, la persona sólo puede apreciar que su realidad existe pero es incapaz de sentir ninguna fuerza superior.

Gradualmente descubre, a través de sus sentidos, la verdadera y extensa realidad. Más adelante, si desarrolla todos sus sentidos en consonancia con la Luz que le rodea, desaparecerá el espacio entre ella y la Luz, entre el hombre y el Creador. Será como si no hubiera diferencia entre sus características. La persona adquiere, finalmente, auténtica santidad. La santidad es el nivel más alto de espiritualidad.

¿Cómo puede un principiante dominar esta ciencia cuando ni tan siquiera puede entender correctamente a su maestro? La respuesta es simple: sólo es posible cuando nos elevamos espiritualmente por encima de este mundo; sólo es posible cuando nos desprendemos de todo rastro de egoísmo material y aceptamos la adquisición de valores espirituales como nuestro único objetivo. Tan solo el anhelo y la pasión por la espiritualidad en nuestro mundo, esa es la clave para entrar en el Mundo Superior.

# 11

# MÚSICA CABALÍSTICA

Rabí Yehuda Ashlag, autor del *Comentario Sulam* sobre *El Libro del Zóhar*, expresó verbalmente sus percepciones espirituales en sus numerosos estudios publicados. También escribió canciones y compuso melodías basadas en ellas.

La música en sí refleja el modo en que una persona se siente en el mundo espiritual. Lo que la hace tan especial es que todos pueden comprenderla, aunque no hayan alcanzado el nivel espiritual del compositor. Al escuchar la música de Baal HaSulam, tal como nos fue transmitida por su hijo Rabí Baruj Ashlag, tenemos la oportunidad de experimentar los sentimientos espirituales de estos prominentes cabalistas.

El cabalista transita dos etapas opuestas en la espiritualidad: la agonía, resultante del alejamiento del Creador y el deleite resultante del acercamiento a Él. La sensación de alejamiento produce música triste que se expresa en una oración que suplica por la cercanía. La sensación de acercamiento al Creador produce música alegre que se expresa en una oración de gratitud.

Es así como percibimos dos estados de ánimo distintos en la música: añoranza y deseo de unificación al alejarnos, y amor y alegría al descubrir la unificación. Ambos estados juntos expresan la unión del cabalista y el Creador.

La música baña al oyente con una Luz maravillosa. No necesitamos poseer ningún conocimiento previo, pues carece de palabras. Sin embargo, su efecto sobre nuestros corazones es rápido y directo. Escucharla una y otra vez constituye una experiencia especial.

Las notas están compuestas siguiendo reglas cabalísticas. Fueron elegidas según el patrón de construcción del alma humana. El oyente las siente penetrar profundamente en su alma, sin resistencia. Esto se debe a la conexión directa que existe entre nuestras almas y las raíces de las notas.

# 12

# PREGUNTAS MÁS FRECUENTES SOBRE CABALÁ

Aprendemos Cabalá escuchando, leyendo, estudiando en grupos, y sobre todo, formulando preguntas y recibiendo respuestas. Las siguientes son algunas de las preguntas más frecuentes que recibimos en nuestra página de Internet, **www.kab.info**.

Si tienes preguntas que te gustaría que contestáramos, recibiremos con gusto tu correo electrónico a **spanish@ kabbalah.info**.

*Me he estado preguntando acerca de mi lugar en el mundo. No sé si la Cabalá es para mí. ¿De qué trata y en qué me beneficiaría su estudio?*

La Cabalá responde a una pregunta común: ¿cuál es la esencia de mi vida y de mi existencia? La Cabalá es para quien busca respuestas: él es el indicado para estudiarla. La Cabalá muestra al ser humano la fuente y, por lo tanto, el propósito de su vida.

*Siempre pensé que la Cabalá era secreta. De repente, se ha vuelto el nuevo tema de moda. ¿Cómo sucedió esto?*

Durante miles de años estuvo prohibido difundir la Cabalá. Sólo en el siglo xx, cuando se publicaron los libros del cabalista Rabí Yehuda Ashlag, se nos brindó la posibilidad de estudiarla sin restricciones. Sus escritos quieren ayudar a gente como tú, sin conocimientos previos de Cabalá. Está permitido difundirla ampliamente, y enseñarla a cualquiera que esté buscando los elementos espirituales ausentes de su vida.

*¿Es cierto que Rabí Ashlag pensaba que la Cabalá debe enseñarse a todos, judíos y gentiles, por igual? ¿Piensan Uds. que el gentil tiene su lugar en el proceso de corrección, o está pensada para ser estudiada sólo por judíos? Y, ¿en qué consiste el proceso de corrección?*

Habrás leído en la Biblia que al final de la corrección todos conocerán al Superior, desde el más joven al más anciano, sin distinción de sexo ni de raza. La Cabalá se ocupa del ser humano y del deseo de recibir, creado por Él. Este deseo de recibir incluye a todas las criaturas. Por lo tanto, todos los que deseen participar del proceso de corrección pueden hacerlo. La corrección consiste en cambiar las propias intenciones de egoístas a altruistas, de beneficiosas para uno mismo a beneficiosas para el Creador. Se espera que toda la humanidad participe de este proceso.

*Me interesa saber más acerca de la Cabalá. ¿Es necesario para un principiante como yo estudiar primero la Biblia y la ley oral y escrita durante muchos años antes de empezar a aprender Cabalá, o puedo comenzar ahora?*

No hay prerrequisitos para estudiar Cabalá. Todo lo que se necesita es la propia curiosidad y la voluntad de aprender. Mediante su estudio, uno desarrolla atributos parecidos a los del mundo espiritual en acciones y pensamientos.

*Oí decir que un rabino o quizás un estudiante de Cabalá le echó un conjuro a alguien para que muriera. Mi pregunta es: ¿Esto es posible? Y si así fuera ¿existe un conjuro que se pueda decir? También he comprado varios libros referentes a prácticas mágicas «buenas» y quisiera saber si Uds. me podrían orientar.*

No sé qué libros habrás comprado, pero no se ocupan de la Cabalá auténtica. La Cabalá no es magia. Podrás entenderla mejor leyendo y estudiando. Te recomendamos diversas lecturas, como los artículos que preparamos respecto a las etapas del desarrollo del ser humano en su camino espiritual. Aunque es importante estudiar con un maestro y en grupo, puedes acceder a algunos de esos artículos mediante nuestra página web, libros y tienda online.

*Hace siete años comencé a buscar a Dios, el Creador, el Padre. Entre tanto, toda mi vida fue destruida y perdí todo lo que me era querido. Un día le dije: «¡No cejaré hasta que me contestes! ¡Eres todo lo que me queda!». Ahora he comenzado a percibir Luces alrededor de la gente y de los animales. ¿Es esto una manifestación de la Cabalá? Quiero conocer a Dios y crecer espiritualmente.*

Tu situación es precisamente la que motiva al ser humano a estudiar Cabalá. El camino hacia el conocimiento del Creador es muy difícil y requiere un estudio específico. Y sólo después de desvelarse una percepción espiritual, uno comprende que las percepciones anteriores eran sólo productos de la imaginación. No se puede percibir al Creador sin ascender a los Mundos Superiores mediante la transformación de las características egoístas en altruistas.

*Entiendo que la palabra «Cabalá» proviene del verbo hebreo «recibir». ¿Qué significa y para qué recibir?*

Al principio de todo, sólo existía el Creador. Creó un deseo generalizado de recibir. Este deseo de recibir se llama «el primer hombre». Para permitir al primer hombre comunicarse con el Creador, este deseo generalizado de recibir fue dividido en muchas partes. El propósito de la creación es lograr la comunión con el Creador porque sólo en dicho estado puede el ser humano lograr plenitud, tranquilidad eterna y felicidad.

*¿Esto implica que, en un futuro lejano, habrá de nuevo un solo hombre?*

La Cabalá no se ocupa de nuestro cuerpo físico, sino de nuestro componente espiritual. El Mundo Superior es como una criatura, un alma, cuyas partes se proyectan en un Mundo Inferior (el que percibimos) en el que nos sentimos distintos unos de otros. Para decirlo más claramente: nos sentimos separados unos de otros porque estamos limitados por nuestro egoísmo, a pesar del hecho de que todos somos realmente un solo cuerpo espiritual. Por lo tanto, la separación existe sólo en nuestra percepción errónea porque, de hecho, somos todos uno.

Existen algunas opiniones en los círculos académicos que afirman que *El Zóhar* fue escrito en el siglo XI por el cabalista Rabí Moshé de León. Esta opinión la contradijo Rabí Moshé de León mismo, quien afirmó que el libro había sido escrito por Rashbi.

Para el enfoque cabalístico es mucho más importante la cuestión acerca de por qué fue escrito, que quién pudo haberlo escrito. El propósito de *El Zóhar* es ser una guía para que las personas alcancen el origen de sus almas.

El camino que conduce al origen del alma de cada uno consiste en 125 etapas. Rabí Yehuda Leib HaLeví Ashlag escribe que un cabalista que ha pasado todas esas etapas y que comparte la misma percepción espiritual que el autor del libro, ve claramente que este autor no podría haber sido otro que Rashbi.

*¿Están Uds. asociados con otros rabinos u otros centros de Cabalá?*

Bnei Baruj es una institución independiente, no está conectada de ningún modo con ningún grupo u organización relacionada con la Cabalá.

*¿Tienen bibliografía o material de estudio en inglés, francés o español que me pudieran enviar?*

El Centro Bnei Baruj ofrece de manera gratuita una amplia variedad de recursos multimedia en muchos idiomas. Visita su página web: **www.kab.info**

*No fui criado en la religión judía. Creo que hay más dioses y más espíritus santos, etc. que los mencionados por la Cabalá. Y acaso ¿no es el propósito de la creación el otorgarle al ser humano una vida mejor en este mundo, así como en el mundo por venir? Si miro a mi alrededor veo qué lugar terrible puede llegar a ser este mundo.*

Sólo existe el Creador y el ser humano. El propósito de la Creación es el de permitir el ascenso a los Mundos Superiores aun estando en este mundo. Esto sucede cuando los pensamientos y deseos humanos son equivalentes a los de los Mundos Superiores, tema que se enseña en la Cabalá. Quien desee ascender y alcanzar la *meta de la Creación* (que es la meta personal de cada ser humano en la vida, pues, de lo contrario, deberá retornar a este mundo después de su muerte) debe considerar de manera positiva e integral a toda la Creación.

*Estoy empezando a comprender que debo ser responsable de mis propias acciones, de mi propio ego. Quisiera alcanzar un mayor nivel espiritual en mi vida. ¿Cómo empiezo? Y si estudio Cabalá, ¿podré actuar libremente?*

Uno debe imaginar siempre que se encuentra frente al Creador, el Supremo. Todo el que estudie Cabalá y ascienda a cierto nivel espiritual puede adquirir capacidades del Supremo y utilizarlas a su antojo. Cuanto más elevado sea el nivel espiritual del cabalista, serán más similares a los del Creador sus características y poderes. El cabalista entonces será capaz de actuar tan libre e independientemente como el Creador.

*Leí en no sé exactamente dónde que existe un lugar en la Torá que contiene los 72 nombres de Dios y que transmite un mensaje al ser leído. También leí que si se consideran los caracteres hebreos en forma vertical, aparecen en columnas de tres caracteres y cada columna contiene una palabra referida a Dios y es que Dios suele ocultar las cosas a la mirada ordinaria, como aquí. ¿Podrían enviarme una copia de dicha parte de las Escrituras en hebreo?*

La Cabalá utiliza muchos conceptos matemáticos como matrices, geometría, números, gráficos, caracteres y letras, etc. Estos acercamientos son códigos, mostrados en la Biblia, que nos suministran información acerca de temas espirituales y su interconexión. Cada nivel espiritual posee un nombre y el número equivalente a la suma de las letras del nombre. La transformación de un nombre a un número se denomina «gematría». Estos códigos aluden a los niveles espirituales que deberíamos alcanzar.

*Vivo en Londres. No soy judío, pero en los últimos años me he interesado en la Cabalá y también he desarrollado un creciente interés personal por el judaísmo. ¿Puede Ud. aconsejarme cómo proseguir mis estudios? ¿Existe algún representante o miembro suyo en Inglaterra con el que pueda contactar?*

No existen cabalistas de renombre fuera de Israel. Sin embargo, le aconsejamos comenzar a estudiar de manera gratuita por medio de nuestra página web y enviarnos sus preguntas.

*La Cabalá parece tener ideas similares a todas las principales tradiciones místicas, como el budismo. ¿Existe alguna diferencia importante? De ser así, ¿por qué elegir este camino y no otro? Si no la hay, ¿por qué no lo reconocen los cabalistas?*

La idea general de todas las religiones y grupos místicos consiste en comulgar con esa entidad superior. Cada uno tiene sus propias razones para querer comulgar con esta entidad. Por ejemplo, algunos desean disfrutar una vida feliz y próspera en este mundo para recibir abundancia, salud, seguridad, un futuro mejor. Desean entender este mundo lo mejor posible para organizar mejor sus vidas. Otros desean aprender cómo manejarse en el mundo por venir después de la muerte. Ambos objetivos son egoístas y surgen del egoísmo humano.

La Cabalá no se ocupa de todos estos motivos. Su meta es más bien transformar la naturaleza humana para permitirle tener cualidades similares a las del Creador. Los demás «caminos de espiritualidad» –si bien hablan de liberarse de los deseos egoístas– apuntan a disminuir el sufrimiento humano, dándole libertad y prosperidad. Otra vez, el propósito es egoísta.

El método cabalístico afirma que el ser humano debe usar todo lo que tiene en este mundo para ofrecérselo al Creador. Pero para lograr esta intención, necesita poder percibirlo y sentir que Él disfruta de sus acciones. Quien estudia Cabalá comienza a entender su significado por su propia percepción del Creador.

# EPÍLOGO:
# EL MAGO OMNIPOTENTE

*Cuento inspirado en las enseñanzas de* El Zóhar

Había una vez un mago grande, noble y de buen corazón... con todos los atributos que se suelen mencionar en los libros infantiles... pero, como tenía tan buen corazón, no sabía con quién compartirlo... no tenía a nadie a quien amar, con quien pasar el tiempo, con quien jugar... también necesitaba sentirse deseado, pues es muy triste estar solo.

¿Qué podía hacer? Pensó en crear una piedra, pequeñita pero hermosa, y quizás allí encontraría la respuesta:

—Tocaré la piedra y sentiré que hay algo constantemente a mi lado, y ambos nos sentiremos bien, porque es muy triste estar solo.

Agitó su varita y al instante apareció una piedra justo como la que quería. Se puso a tocarla, a abrazarla y a hablarle, pero la piedra no respondía. Se mantenía fría y no reaccionaba. Hiciera lo que hiciese, la piedra seguía siendo un objeto insensible. Esto no satisfizo para nada al mago.

¿Por qué no contestaba la piedra? Probó creando otras piedras, y luego rocas, colinas, montañas, llanuras, la Tierra, la Luna y la Galaxia. Pero con todas ocurría lo mismo... nada. Se seguía sintiendo solo y triste. En su tristeza, se le ocurrió que, en vez de piedras, podría crear una planta de hermosas flores. La regaría, le daría aire y sol, le tocaría música... y la planta sería feliz. Y ambos estarían contentos, porque era triste estar solo.

Agitó su varita y, al instante, apareció una planta justo como la que quería. Estaba tan contento que se puso a bailar a su alrededor, pero la planta no se movió ni bailó con él ni siguió sus movimientos. Sólo respondía de la manera más simple a los dones del mago. Si la regaba, crecía; si no, se moría. Esto no le bastaba al mago de buen corazón que anhelaba entregarlo todo.

Tenía que hacer algo más, porque es muy triste estar solo. Creó entonces todo tipo de plantas de todos los tamaños: bosques, selvas, huertos, plantaciones y alamedas. Pero todos se portaban igual que la primera planta... y nuevamente se encontró solo.

El mago pensó y pensó. ¿Qué podía hacer? ¡Crear un animal! ¿Qué clase de animal? ¿Un perro? Sí, un lindo perrito que estuviera siempre con él. Lo llevaría a pasear y el perro brincaría, haría piruetas y correría de un lado a otro. Al volver a su palacio (o más bien a su castillo, dado que era un mago), el perro estaría tan contento de verle que correría a saludarle. Ambos serían felices, pues es muy triste estar solo.

Agitó su varita... ¡y allí estaba! Un perro justo como el que quería. Lo cuidó, lo alimentó, le dio de beber y lo acarició. Hasta corrió con él, lo bañó y lo sacó a pasear. Pero el amor perruno se limita a estar cerca de su amo, dondequiera que esté. El mago sufría al ver que su perro no le correspondía, aunque jugara tan bien o fuera a todas partes con él. Un perro no podía ser su amigo de verdad, no podía apreciar lo que hacía por él, no comprendía sus pensamientos, deseos, ni todas las molestias que se tomaba por él. Pero justo eso era lo que el mago anhelaba. Produjo otras criaturas: peces, aves, mamíferos, todo en vano: ninguna le comprendía. Era tan triste estar solo.

El mago se sentó y reflexionó. Comprendió que un amigo de verdad debía ser alguien que lo buscara, que lo deseara mucho, que fuera como él, capaz de amar como él, de comprenderle..., que se le pareciera... que fuera su compañero. ¿Compañero? ¿Amigo de verdad? Debería ser alguien cercano a él, que entendiera sus dones, que pudiera corresponderle y darle a su vez. Los magos también desean amar y ser amados. Así ambos estarían contentos, porque es muy triste estar solo.

Entonces el mago pensó en crear un hombre. ¡Él podría ser su amigo de verdad! Podría ser como él... sólo necesitaría alguna ayuda para ello. Entonces ambos se sentirían bien, porque es muy triste estar solo... Pero para poder sentirse bien, primero debería sentirse solo y triste sin el mago...

El mago agitó nuevamente su varita y creó al hombre en la distancia.

El hombre no percibía la existencia de un mago, autor de todas las piedras, las plantas, las colinas, los campos y la luna, la lluvia, los vientos, etc. –un mundo entero lleno de cosas hermosas, incluyendo ordenadores y fútbol–, que le hacían sentir bien y falto de nada. El mago, por su parte, seguía sintiéndose triste por estar solo.

El hombre no sabía que había un mago que lo había creado, que lo amaba y que lo estaba esperando y que decía que juntos se iban a sentir bien porque es muy triste estar solo.

Pues, ¿cómo podría un hombre que se siente contento, que tiene de todo, hasta un ordenador y el fútbol, que no conoce al mago, desear encontrarlo, conocerle, acercársele, amarle, ser amigo y decirle: «Ven, nos sentiremos bien ambos, pues es muy triste estar solo sin ti»? Una persona conoce sólo lo que la rodea y hace lo mismo que sus vecinos, habla acerca de los mismos temas que ellos, desea lo que ellos desean: no ofender, pedir regalos de buena manera, ordenador, fútbol.

¿Cómo podría saber que existe un mago que está triste por estar solo? Pero el mago, en su compasión, busca constantemente, y cuando el momento ha llegado... agita su varita y llama muy quedamente a su corazón. El hombre piensa que está buscando algo y no se da cuenta de que es el mago que lo está llamando. «Ven, nos sentiremos bien ambos, porque es muy triste estar solo sin ti.»

Entonces el mago agita nuevamente su varita y el ser humano lo siente. Comienza a pensar en él, en que sería bueno estar juntos, porque es muy triste estar solo, sin el mago. Otro giro de la varita y el hombre siente que existe una torre mágica llena de bondad y poder en la que el mago le espera y en la cual se sentirán a gusto, porque es muy triste estar solo...

Pero, ¿dónde se encuentra esta torre? ¿Cómo puede alcanzarla? ¿Cuál es el camino? Desconcertado y confuso, el hombre se pregunta cómo puede encontrar al mago. Sigue sintiendo el movimiento de la varita en su corazón y no puede conciliar el sueño. Ve por doquier magos y torres de poder y hasta pierde el apetito.

Esto sucede cuando alguien desea mucho algo y no lo encuentra, y se siente triste de estar solo. Pero para ser como el mago: sabio, grande, noble, compasivo, amoroso y su amigo, no basta con un ademán de la varita: el hombre debe aprender a obrar maravillas por sí mismo.

Entonces el mago, secreta y sutilmente, gentil e inocuamente, le va guiando hacia el más grande y más antiguo de los libros mágicos, el *Libro del Zóhar*... indicándole el camino hacia la torre de poder. El ser humano lo toma para encontrarse pronto con el mago, hacerse su amigo y decirle: «Ven, estaremos bien juntos, porque es muy triste estar solo.»

Pero un elevado muro rodea la torre, y muchos guardias lo ahuyentan, impidiéndoles estar juntos y sentirse bien. El hombre se desespera, el mago se esconde en la torre tras puertas trabadas, el muro es alto, los guardias lo rechazan, nada puede pasar. ¿Qué sucederá? ¿Cómo podrán estar juntos y sentirse bien dado que es triste estar solo?

Cada vez que el ser humano desfallece y cuanto más se desespera, siente de repente un movimiento de la varita y se precipita nuevamente hacia los muros, tratando de evadir a los guardias ¡a cualquier precio!

Quiere forzar las puertas, alcanzar la torre, trepar los peldaños de la escalera y alcanzar al mago. Y cuanto más avanza y se acerca a la torre y al mago, más vigilantes, fuertes y arduos se vuelven los guardias, atacándolo sin piedad.

Pero a cada vuelta el hombre se vuelve más valiente, más fuerte y más sabio. Aprende a realizar él mismo toda clase de trucos y a inventar cosas que sólo un mago puede inventar. Cuanto más rechazado es, más anhela al mago, más lo ama, y desea más que nada en el mundo estar con él y ver su rostro, porque será bueno estar juntos y, aunque le regalen todo el universo, sin el mago se siente solo.

Entonces, cuando ya no soporta más estar sin él, se abren las puertas de la torre y el mago, su mago, corre hacia él diciendo: «Ven, estaremos bien juntos, porque es muy triste estar solo.»

Y a partir de entonces se vuelven amigos leales, muy cercanos y no existe placer más exquisito que el que existe entre compañeros para siempre. Están tan bien juntos que apenas recuerdan lo triste que era estar solos...

# ACERCA DE BNEI BARUJ

Bnei Baruj es un grupo de cabalistas en Israel que busca compartir la sabiduría de la Cabalá con todo el mundo. Cuenta con materiales de estudio basados en textos cabalísticos auténticos que se han ido transmitiendo de generación en generación. En la actualidad, estos recursos didácticos se encuentran disponibles en más de 30 idiomas.

## Historia y orígenes

En 1991, tras el fallecimiento de su maestro, el Rabash, Michael Laitman estableció un grupo de estudios de Cabalá llamado «Bnei Baruj». Laitman fue el alumno aventajado y el asistente personal del Rabash, por lo que fue reconocido como el sucesor de su método de enseñanza.

El Rabash fue el hijo primogénito y sucesor de Baal HaSulam (1884-1954), el cabalista más grande del siglo XX. Baal HaSulam es el autor del comentario más amplio y autorizado sobre *El Libro del Zóhar*, titulado *El Comentario Sulam* (escalera). Este gran cabalista fue el primero en revelar el método completo para alcanzar la elevación espiritual.

En la actualidad, Bnei Baruj basa todo su método de estudio en el camino que nos prepararon estos dos grandes maestros espirituales.

## Método de estudio

El método de estudio único desarrollado por Baal HaSulam y su hijo, el Rabash, es el que se imparte y se sigue a diario en Bnei Baruj. Este método está basado en fuentes cabalísticas auténticas como son *El Libro del Zóhar*, de Rabí Shimon Bar Yojai; *El Árbol de la Vida*, del Arí y *El Estudio de las Diez Sefirot*, de Baal HaSulam.

A pesar de que el estudio está basado en estas fuentes cabalísticas auténticas, este se lleva a cabo empleando un lenguaje sencillo y común, todo ello desde una perspectiva contemporánea y científica. El desarrollo de esta metodología ha hecho que Bnei Baruj sea una organización respetada a escala internacional.

Esta combinación única de un método de estudio académico junto a la propia experiencia personal expande la perspectiva del estudiante y le otorga una nueva percepción de la realidad en la que vive. A aquellos que siguen el camino espiritual se les proporciona las herramientas necesarias para que se estudien tanto a sí mismos, como a la realidad que les rodea.

## El mensaje

Bnei Baruj es un colectivo diverso con alrededor de dos millones de estudiantes en todo el mundo. La esencia del mensaje que difunde Bnei Baruj es de carácter universal: la unidad entre personas y naciones, así como el amor al ser humano.

Durante miles de años, los cabalistas han estado enseñando que el amor hacia el hombre debe constituir la base de toda relación humana. Este sentimiento reinaba en los tiempos de Abraham y en el grupo de cabalistas que él estableció. Si recuperamos estos valores ancestrales, aunque contemporáneos, descubriremos en nosotros la capacidad de olvidarnos de nuestras diferencias y unirnos.

La sabiduría de la Cabalá, oculta durante miles de años, ha estado esperando el momento en que la humanidad estuviera lo suficientemente desarrollada y preparada para poner en práctica el mensaje que encierra. En la actualidad, está resurgiendo como una solución capaz de unir diferentes grupos y facciones en todas partes, permitiéndonos, como individuos y como sociedad, enfrentarnos a los retos que nos presenta hoy la vida.

## Actividades

Bnei Baruj ofrece toda una variedad de formas para que las personas puedan explorar su vida y la naturaleza, brindando una cuidadosa orientación tanto a los alumnos principiantes como a los avanzados.

## Televisión

Bnei Baruj ha creado una productora, ARI Films, especializada en la realización de programas educativos de televisión por todo el mundo y en diversos idiomas. (**www.arifilms.tv**)

En Israel, Bnei Baruj tiene su propio canal de televisión por cable y vía satélite 24 horas al día. Todas las emisiones de dicho canal son gratuitas. Y los programas están adaptados a todos los niveles, con emisiones dirigidas tanto a los principiantes como a los estudiantes avanzados.

## Internet

El sitio web de Bnei Baruj, **www.kab.info**, presenta la auténtica sabiduría de la Cabalá a través de ensayos, libros y textos originales. Es la fuente de difusión de auténtico material cabalístico con más repercusión en la red, albergando una exclusiva y extensa biblioteca para todo aquel que desee explorar a fondo las fuentes de la sabiduría de la Cabalá.

El Centro de Estudios en línea de Bnei Baruj (Learning Center) ofrece cursos gratuitos de Cabalá para principiantes, brindando a los estudiantes una formación sobre esta extensa sabiduría desde la comodidad de sus hogares.

El canal de televisión de Bnei Baruj retransmite vía Internet en **www.kab.tv/spa** ofreciendo, entre otros programas, las clases diarias del Profesor Laitman, complementadas con textos y gráficos. Otra de las opciones es www.canalcabala.com, que cuenta con programación variada dirigida a principiantes.

*Todos estos servicios se proporcionan de manera gratuita.*

## Periódico

*Kabbalah Today* es un periódico gratuito que publica y difunde mensualmente Bnei Baruj en varios idiomas, incluyendo inglés, hebreo, español y ruso. Su contenido es apolítico, no comercial, y escrito con un estilo claro y contemporáneo. El propósito de *Kabbalah Today* es exponer al público en general el vasto conocimiento oculto en la sabiduría de la Cabalá, sin costo alguno, en un formato y estilo atractivos para los lectores en cualquier parte del mundo.

La versión en inglés de *Kabbalah Today* puede ser adquirida en las principales ciudades de Estados Unidos, así como en Canadá, Inglaterra, Sydney y Australia. También se encuentra disponible en Internet, en **www.kabtoday.com**. El periódico en español, *Cabalá Hoy,* se distribuye en América Latina, España y entre la comunidad hispana de Estados Unidos.

## Libros

Bnei Baruj publica libros de Cabalá auténtica. Estos son esenciales para un entendimiento óptimo de esta sabiduría, explicada día a día en las lecciones del Profesor Laitman.

Los libros del Dr. Laitman están escritos en un estilo contemporáneo y sencillo, basándose en los conceptos de Baal HaSulam. Constituyen un eslabón esencial entre el lector contemporáneo y los textos originales. Todos los libros están a la venta en **www.kabbalahbooks.info**, además de estar disponibles para su descarga gratuita.

## Clases de Cabalá

Como han hecho los cabalistas durante cientos de años, el Rav Michael Laitman imparte una lección diaria en el Centro de Bnei Baruj Israel entre las 03:00 y las 06:00 de la mañana (hora de Israel). Las lecciones son en hebreo con traducción simultánea a siete idiomas: inglés, ruso, español, francés, alemán, italiano y turco. Estas clases en directo, retransmitidas en el sitio **www.kab.tv/spa**, llegan de manera gratuita a miles de estudiantes en todo el mundo.

## Financiación

Bnei Baruj es una organización sin ánimo de lucro dedicada a la enseñanza y a la difusión de la sabiduría de la Cabalá. Para mantener su independencia y pureza de intenciones, Bnei Baruj no recibe financiación ni apoyo ni se encuentra vinculada a ninguna organización política o gubernamental.

Dado que la mayor parte de sus actividades se proporcionan al público sin coste alguno, la fuente principal de financiación para las actividades del grupo son las donaciones y el diezmo –al que contribuyen los estudiantes de manera voluntaria– así como los libros del Dr. Laitman, que son puestos a la venta a precio de coste.

# INFORMACIÓN DE CONTACTO

**Centro de Estudios de Cabalá Bnei Baruj (Learning Center)**
Sitio electrónico: www.cabalacentroestudios.com
Correo electrónico: estudios@kabbalahlearningcenter.info

**Sitios Web**
www.kabbalah.info/es, www.laitman.es
www.kabbalahbooks.info, www.kabbalahmedia.info
www.kab.tv/spa, www.canalcabala.com

**Bnei Baruj (Instituto de Educación e Investigación de la Cabalá)**
Correo electrónico: spanish@kabbalah.info

**Israel**
P.O.Box 1552
Ramat Gan 52115, Israel
Teléfono: +972-3-9226723
Fax: +972-3-9226741

**Norteamérica**
1057 Steeles Avenue West, Suite 532
Toronto, ON M2R3X1
Canadá
1(866) LAITMAN
info@kabbalahbooks.info

# ÍNDICE